8

9

6 : Elne (Pyrénées-Orientale), cloître - XIIe-XIVe siècles.
7 : Boule d'Amont (Pyrénées-Orientales), chapiteau du cloître du prieuré de Serrabonne - v. 1151.
8 : Lanleff (Côtes-d'Armor), église - XIe siècle.
9 : Puy-en-Velay (Haute-Loire), Saint-Michel d'Aiguilhe - XIIe siècle.
10 : Abbaye de Lessay (Manche), abbatiale - XIIe siècle.

à X.B.i.A et A.E.B,

C.R.

10

ARCHITECTURES DE LA FRANCE ROMANE

PHOTOGRAPHIES DE JEAN-PAUL GISSEROT ET DE CHRISTOPHE RENAULT
TEXTE DE CHRISTOPHE RENAULT

Éditions Jean-Paul Gisserot
www.editions-gisserot.com

Sommaire

La France de l'an Mil, le premier art roman

La France de la fin du XIe siècle et du XIIe siècle, le second art roman

Page 4 : Abbaye de Valmagne (Hérault), cloître - XIIe siècle.
Page de titre de gauche à droite : Nevers (Nièvre), chevet de Saint-Étienne - fin XIe siècle.
Conques (Aveyron), abbatiale - XIIe siècle. Lanmeur (Finistère), crypte - XIe siècle.
Page 6 : Quimper (Finistère), nefs de Notre-Dame de Locmaria - XIe siècle.
Page 7 : Cerisy-la-Forêt (Manche), abside de l'abbatiale - XIIe siècle.

LA FRANCE DE L'AN MIL, LE PREMIER ART ROMAN

Le chevalier, le clerc et le paysan

Vivre ensemble, les uns avec les autres, les uns pour les autres

De gauche à droite : Caen (Calvados), façade de la Trinité - XIe siècle.
Saint-Philibert-de-Grand-lieu (Loire-Atlantique), nefs de l'abbatiale - XIe siècle.
Caen (Calvados), élévation de la nef de la Trinité - XIe siècle.
◂ Saint-Benoît-sur-Loire (Loiret), chapiteau de la tour de l'abbatiale, la Fuite en Égypte - XIe siècle.

DES CHÂTEAUX POUR SE PROTÉGER

LE CHÂTEAU EST LE SYMBOLE DE LA FÉODALITÉ. Sa principale fonction était défensive et s'inscrivait dans un système d'obligations réciproques entre un seigneur qui lui assurait une sécurité et son vassal qui lui promettait son dévouement. Cette nouvelle aristocratie qui apparut face au climat d'insécurité se mit à construire de façon tactique des châteaux afin de défendre les terres du seigneur et les paysans qui les occupaient. Des « mottes féodales » constituées d'une butte de terre surmontée d'un donjon en bois ou en pierre furent conçues au cours du Xe siècle. Elles suscitèrent souvent autour d'elles la création de villages incarnés par une cellule vivante, une paroisse et une seigneurie. Cette nouvelle société fut alors divisée en trois ordres : chevaliers, prêtres et paysans organisés autour de liens d'entraide et de dépendance.

Broderie de la reine Mathilde dite *Tapisserie de Bayeux*, centre Guillaume le Conquérant à Bayeux (Calvados), le château de Rennes - fin XIe siècle. © ville de Bayeux.

Broderie de la reine Mathilde dite *Tapisserie de Bayeux*, centre Guillaume le Conquérant à Bayeux (Calvados), scène de chasse - fin XIe siècle. © ville de Bayeux.

LE « BLANC MANTEAU D'ÉGLISES »

« COMME APPROCHAIT LA TROISIÈME ANNÉE qui suivit l'an mille, on vit dans presque toute la terre, mais surtout en Italie et en Gaule, réédifier les bâtiments des églises ; bien que la plupart, fort bien construites, n'en eussent nul besoin, une véritable émulation poussait chaque communauté chrétienne à en avoir une plus somptueuse que celle des voisins. On eût dit que le monde lui même se secouait pour dépouiller sa vétusté et revêtait de toutes parts un blanc manteau d'églises. Alors, presque toutes les églises des sièges épiscopaux, celles des monastères consacrées à toutes sortes de saints, et même les petites chapelles des villages, furent reconstruites plus belles par les fidèles ».

RAOUL GLABER (moine bourguignon X^{e}-XIe siècles), *L'an mille*, éd. Pognon, Paris, 1947, p. 89.

Arles-sur-Tech (Pyrénées-Orientales), église, le Christ et le tétramorphe - XIe siècle. ▸

Casteil (Pyrénées-Orientales), vue d'ensemble de l'abbaye de Saint-Martin-du-Canigou - XIe siècle. ▸▸

Châtillon-sur-Seine (Côte-d'or), collégiale Saint-Vorles - XIe-XIIe siècles.

Saint-Benoît-sur-Loire

(Loiret) - XIe siècle

Tour de l'abbatiale, le porche.

Chapiteau de la tour
de l'abbatiale, la Visitation.

SAINT-GERMAIN-DES-PRÉS
(PARIS) - XIe SIÈCLE

▲ Le clocher - XIe siècle.

◄ Chapiteau de l'abbatiale - XIe siècle.

La nef - XIe siècle. ►

Melrand (Morbihan), village de Lann-Gouh - an mille. (Reconstitution).

Les paysans mettaient en valeur les terres inexploitées autour des monastères et des châteaux. Les conditions de vie s'amélioraient et engendraient une croissance démographique qui repleuplaient les villes abandonnées à cause de l'insécurité passée.

Vaison-la-Romaine (Vaucluse), abside de la cathédrale - v. 1040.

LA FRANCE DE L'AN MIL, LE PREMIER ART ROMAN

La lumière romane

« Que la lumière soit »

De gauche à droite : Ottmarsheim (haut-Rhin), abbatiale - XIe siècle.
Prades (Pyrénées-Orientales), crypte de Saint-Michel de Cuxa - XIe siècle.
Mont Saint-Michel (Manche), transept sud de l'abbatiale - XIe siècle.
◂ © Musée de l'Œuvre Notre-Dame de Strasbourg (Bas-Rhin), Christ de Wissembourg - XIe siècle.

LA LUMIÈRE RENOUVELÉE

◂ Casteil (Pyrénées-Orientales), nefs et sanctuaire de l'abbatiale de Saint-Martin-du-Canigou - XIe siècle.

LA LUMIÈRE DOIT ÊTRE présente dans le sanctuaire où se déroule l'eucharistie célébrée quotidiennement.

Locoyarn (Morbihan), nefs et sanctuaire - XIe siècle. ▸

◂ Saint-Guilhem-le-Désert (Hérault), absidiole nord - XIe siècle.

Casteil

Abbaye de Saint-Martin-du-Canigou (Pyrénées-Orientales), cloître - XIe siècle. ▶

Abbaye de Saint-Martin-du-Canigou (Pyrénées-Orientales), sanctuaire - XIe siècle. ▶▶

Neuwiller-lès-Saverne

Abbatiale de Neuwiller-lès-Saverne (Bas-Rhin), chapelle Sainte-Catherine - v. 1060. ▸

Ottmarsheim

Abbatiale d'Ottmarsheim (Haut-Rhin), déambulatoire supérieur de l'abbatiale - XIe siècle. ▸▸

LA FRANCE DE LA FIN DU XIe SIÈCLE ET DU XIIe SIÈCLE, LE SECOND ART ROMAN

L'abbaye bourguignonne de Cluny

Un monde nouveau

De gauche à droite : Chapiteau, jeune homme jouant du luth - v. 1110-1120.
Voûtement du transept, la coupole centrale s'élève à 31,55 mètres - XIIe siècle.
Chapiteau, joueur de psalterion - v. 1110-1120.

◂ Chapiteau, Dieu chassant Adam et Ève du Paradis - v. 1110-1120.

L'ABBAYE DE CLUNY

LA « RÉFORME GRÉGORIENNE », du nom du pape Grégoire VII élu en 1072, a été élaborée à l'abbaye de Cluny, fondée en 909 par Guillaume d'Aquitaine. L'abbaye de Cluny était soustraite de toute autorité civile et religieuse. Son indépendance et sa protection pontificale lui permettait de se consacrer complètement à sa mission spirituelle. Cette réforme lui assura un succès immédiat en créant autour d'elle, tout un réseau de dépendances monastiques. La création artistique se voyait ainsi encouragée et se diffusa alors dans toute l'Europe. De cette réussite naquit la confusion entre vie matérielle et vie spirituelle. Un ordre nouveau, les Cisterciens fut créé en réaction.

Cluny (Saône-et-Loire), bras sud du grand transept face ouest de l'abbatiale, XIIe siècle.

LA FRANCE DE LA FIN DU XIe SIÈCLE ET DU XIIe SIÈCLE, LE SECOND ART ROMAN

Les églises de pèlerinages

Le Salut incertain du Jugement dernier

En haut : Le Mont Saint-Michel (Manche).

◂ Toulouse (Haute-garonne), chapiteau des tribunes de Saint-Sernin, Christ en majesté - fin XIe siècle.

Le Salut incertain du Jugement dernier

L'Église a une mission importante au Moyen Âge : veiller au salut des âmes. Le Jugement dernier devenait un centre d'intérêt majeur à partir du XIe siècle. Le Christ de la Fin des Temps reviendra juger les vivants et les morts qui ressusciteront. Il séparera les justes, destinés au Royaume des Cieux, des impies qu'il conduira vers l'Enfer éternel. Le Jugement dernier et la Résurrection des corps sont des notions fondamentales des croyances chrétiennes. Le thème n'est réellement pris en compte dans l'art qu'à partir du XIIe siècle. Les tympans des portails de Conques (Aveyron) et Moissac (Tarn-et-Garonne) témoignent de l'intérêt porté au thème et de l'habileté des artistes de l'époque.

Toulouse (Haute-Garonne), le Christ en majesté, plaque sculptée par Bernard Gilduin, déambulatoire de Saint-Sernin - v. 1100.

ABBAYE DE CONQUES (AVEYRON) - XIIe SIÈCLE

◂ Chevet.

▾ Tribunes de l'abbatiale.

Tympan de l'abbatiale. ▸

SANCTORVM CETVS STAT XPISTO IVDICE LETVS
OMNES PERVERSI SIC SVNT IN TARTARA MERSI
O PECCATORES TRANSMVTETIS NISI MORES IVDICIVM DVRVM VOBIS SCITOTE

L'ABBAYE DE MOISSAC

(TARN-ET-GARONNE) - XIIe SIÈCLE

Le décor du portail de l'église Saint-Pierre fut réalisé aux environs des années 1115-1130 sous la direction de l'abbé Roger. Le thème du tympan représente Dieu sous les traits du Christ, au jour du Jugement Dernier, selon la vision de saint Jean dans l'Apocalypse. Le Christ majestueux, au centre, porte la tunique et la tiare impériale du Basileus (titre de l'empereur byzantin) en référence à la tradition antique et impériale du christianisme développé durant l'antiquité tardive.

Les quatre vivants ailés, autour du Christ représentent les quatre évangélistes : l'ange pour Matthieu, le lion pour Marc, le bœuf pour Luc et l'aigle pour Jean. Ces quatre figures animales sont connues sous le nom de tétramorphe. Sous la frise symbolisant la mer sont assis quatorze des vingt-quatre vieillards. Les dix autres sont placés de part et d'autre du groupe central composé du Christ, du tétramorphe et des deux anges. Il faut remarquer que le tympan a perdu sa polychromie d'origine.

Tympan de l'abbatiale. ▸

◂ Détail du portail, Jérémie.

LA FRANCE DE LA FIN DU XIe SIÈCLE ET DU XIIe SIÈCLE, LE SECOND ART ROMAN

Les églises de pèlerinages

Le culte des saints

De gauche à droite : Abbatiale d'Altorf (Bas-Rhin), buste-reliquaire de saint Cyriaque - XIIe-XIIIe siècles.
Toulouse (Haute-Garonne), basilique Saint-Sernin - fin XIe siècle.
Mont Saint-Michel (Manche), côté nord de la nef de l'abbatiale - XIIe siècle.

◂ Musée des Augustins à Toulouse (Haute-Garonne), la mort de saint jean-Baptiste, la danse de Salomé et le festin d'Hérode, la présentation de la tête de saint Jean-Baptiste à Hérodiade et la décollation, attribué à Gilbertus, cloître de la cathédrale Saint-Étienne - 1120-1140.

SAINT-SERNIN DE TOULOUSE

LE CULTE DES SAINTS CONNUT un essor considérable dès le Xᵉ siècle sous l'impultion des monastères bénédictins. Ils souhaitaient accroître leur influence et développer la notion de « paix de Dieu » initié par les clunisiens. Les pèlerinages se développaient alors, entraînant une nouvelle architecture à la fin du XIᵉ siècle. Les églises devenaient plus vastes et se prêtaient au rassemblement des foules de pèlerins venus prier les reliques du lieu. Le succès du culte des reliques entraîna la pratique des offices simultanés et la multiplication des autels dans les chapelles du chevet. Elles servaient également à la présentation des reliques visibles du déambulatoire, où circulaient les fidèles autour du chœur.

Toulouse (Haute-Garonne), reliquaire de saint Sernin en argent repoussé - début XIIIᵉ siècle.

Toulouse (Haute-Garonne), chevet de la basilique - fin XIᵉ siècle.

1

2

3

SAINT-SERNIN DE TOULOUSE (HAUTE-GARONNE), - FIN XIe SIÈCLE

4

5

1 : Déambulatoire et « tour des corps saints ».
2 : Voûte en berceau sur arcs doubleaux de la nef.
3 : Nef, tribunes et sanctuaire.
4 : Crypte inférieure avec au bas des degrés six statues d'apôtres en bois peint du XIVe siècle.
5 : Crypte inférieure, chapelles de la Sainte-Épine et de Saint Jacques-le-Majeur.

SAINT-NECTAIRE
(PUY-DE-DÔME) - XIIe SÈCLE

Nefs. ▸
Chevet. ▸▸
Coupole du transept. ▸▸▸

◂ Trésor de Saint-Nectaire, buste-reliquaire de saint Baudime - XIIe siècle.

VÉZELAY

(YONNE) - XIIe SIÈCLE

1

APRÈS SA RÉSURRECTION Jésus apparut une dernière fois à ses apôtres qui étaient à table et leur dit : « Allez par tout le monde, prêcher l'Évangile à toutes les créatures. Celui qui croira et qui sera baptisé sera sauvé ; mais celui qui ne croira point sera condamné. [...] Le Seigneur Jésus, après leur avoir ainsi parlé, fut élevé dans le ciel, où il est assis à la droite de Dieu. »

Évangile selon saint Marc, chap. XVI, v.15, 16 et 19.

4

1 : L'ange du Jugement dernier, détail du portail. 2 : Nef de l'abbatiale Sainte-Madeleine. 3 : Tympan de l'ascension. 4 : Détails du portail de l'abbatiale.

2

3

L'originalité cistercienne

En haut : Aiguebelle (Drôme), aile des moines et chevet de l'abbatiale - XIIe siècle.

◂ Obazine (Corrèze), lavabo de l'abbaye - XIIe siècle.

Saint Bernard et l'architecture cistercienne

L'ordre cistercien a été fondé sous Robert de Molesme à Cîteaux en 1098. La création de cet ordre nouveau était une réaction contre les excès de la vie clunisienne. Pauvreté, travail et silence, le tout dans un univers dépouillé devaient accompagner la prière et la méditation des moines. Saint Bernard, moine à Clairvaux vers 1130, diffusa à travers toute l'Europe les grandes lignes de cet ordre nouveau.

Clairvaux (Aube), dortoir des convers - XIIe siècle.

L'ABBAYE DE FONTENAY (CÔTE-D'OR) - XIIe SIÈCLE

◂ Nef de l'abbatiale.

▴ Façade de l'abbatiale.

Collatéral sud de l'abbatiale. ▸

L'ABBAYE DE PONTIGNY (YONNE), XIIe SIÈCLE

◂ Nef de l'abbatiale.

▾ Chevet et bras sud du transept de l'abbatiale.

Détail de la nef. ▸

L'ABBAYE DE SÉNANQUE (VAUCLUSE) - XIIe SIÈCLE

▲ Cloître à l'ornementation austère.

◄ Sanctuaire de l'abbatiale.

Chevet. ►

◂ Salle capitulaire.
Nefs de l'abbatiale. ▸

L'ABBAYE DE SILVACANE (BOUCHES DU RHÔNE) - XIIe SIÈCLE

L'ABBAYE DE SILVACANE (BOUCHES DU RHÔNE) - XIIe SIÈCLE

▲ Chevet.

Nef et sanctuaire de l'abbatiale. ▶
Dortoir. ▶▶

L'ABBAYE DU THORONET (VAR) - XIIe SIÈCLE

Arcades en plein-cintre du cloître.

Nef de l'abbatiale.

Abbatiale. ▸

L'ABBAYE DE FLARAN (GERS) - XIIe SIÈCLE

▲ Abbatiale.
◀ Façade de l'abbatiale.

Salle capitulaire. ▶

Pages suivantes

L'ABBAYE DE SYLVANÈS (AVEYRON) - XIIe SIÈCLE

Côté oriental.

L'Abbaye de Noirlac (Cher) - XIIe siècle

◂ Nef de l'abbatiale.
▾ Escalier menant au dortoir.

Chevet. ▸

L'ABBAYE DE FONTFROIDE (AUDE) - XIIe SIÈCLE

◂ Nef de l'abbatiale.
▾ Flanc sud de l'abbatiale.

Sanctuaire de l'abbatiale. ▸

LA FRANCE DE LA FIN DU XIe SIÈCLE ET DU XIIe SIÈCLE, LE SECOND ART ROMAN

Au-delà des régions, un style européen

De gauche à droite : Provins (Seine-et-Marne), Tour César - XIIe siècle.
Talmont-sur-Gironde (Charente-Maritime), chevet - XIIe siècle.
Ganagobie (Alpes de Hautes Provence), tympan - XIIe siècle.

◂ Arles (Bouches-du-Rhône), chapiteau du cloître, les apôtres - XIIe siècle.

▲ Mont Sainte-Odile (Bas-Rhin), chapelle de la Croix - v. 1160.

◄ Abbatiale de Murbach (Haut-Rhin), massif oriental - v. 1150.

AQUITAINE ET MIDI-PYRÉNÉES

▲ Cadouin (Dordogne),
façade de l'abbatiale - XIIe siècle.

Saint-Front-de-Périgueux (Dordogne),
abbatiale - XIIe siècle. ►

Moissac (Tarn-et-Garonne),
cloître - XIIe siècle. ►►

LANGUEDOC-ROUSSILLON

▲ Saint-Genis-des-Fontaines (Pyrénées-Orientales), linteau de l'abbatiale - XIIe siècle.

Boule d'Amont (Pyrénées-Orientales), tribunes du prieuré de Serrabone - v. 1151. ▶

PROVENCE

▲ Abbaye de Montmajour (Bouches-du-Rhône), cloître - XIIe-XIIIe siècles.

Embrun (Hautes-Alpes), nef de la cathédrale - XIIIe siècle. ▶

Abbatiale de Saint-Gilles-du-Gard (Gard), façade - XIIe siècle.

Abbatiale de Saint-Trophime d'Arles (Bouches-du-Rhône), portail - v. 1190.

BRETAGNE

▲ Cathédrale de Tréguier (Côtes-d'Armor), tour Hasting - XIIe siècle.

▲▲ Abbaye de Landévennec (Finistère), nefs et chevet de l'abbatiale - fin XIe-début XIIe siècles.

Église de Loctudy (Finistère), chœur avec déambulatoire - fin XIe-début XIIe siècles. ▶

NORMANDIE

▲ Cerisy-la-Forêt (Manche), abbatiale - XIIe siècle.

◄ Caen (Calvados), élévation de la nef de Saint-Étienne - XIe siècle.

PAYS DE LA LOIRE

▲ Abbaye de Fontevraud (Maine-et-Loire), chapiteau du deuxième pilier nord - XIIe siècle.

Abbaye de Fontevraud (Maine-et-Loire), nef de l'abbatiale - XIIe siècle. ▶

POITOU-CHARENTE

Ars en Ré (Charente-Maritime), église paroissiale, la flèche blanche et noire sert d'amer aux bateaux - XIIe siècle.

Poitiers (Vienne), Notre-Dame-la-Grande - XIe-XIIe siècles.

AUVERGNE

▲ Thiers (Puy-de-Dôme), coupole sur trompe de la croisée du transept, Saint-Genès - XIIe siècle.

Orcival (Puy-de-Dôme), chevet de l'église - XIIe siècle. ▶

BOURGOGNE

◂ Tournus (Saône-et-Loire), nef de l'abbatiale de Saint-Philibert - XIe siècle.
▴ Berzé-la-Ville (Saône-et-Loire), abside de la chapelle - XIIe siècle.
▴▴ Paray-le-Monial (Saône-et-Loire), abbatiale - XIIe siècle.

Ile-de-France et Picardie

▲ Morienval (Oise), abbatiale - XIIe siècle.

Provins (Seine-et-Marne), tour César - XIIe siècle. ▶

Centre

▲ Loches (Indre-et-Loire), chateau - XIe siècle.
◂ Saint-Benoît-sur-Loire (Loiret), chevet de l'abbatiale - XIIe siècle.

CHAMPAGNE-ARDENNE

Reims (Marne),
élévation de la nef de
Saint-Remi - XIe siècle.

RHÔNE-ALPES

◂ Aime (Savoie), église Saint-Sigismond - XIe siècle.
▾ Léoncel (Drôme), chevet de l'abbatiale - XIIe siècle.

1 : Abbaye de Fontfroide (Aude), cloître - XIIe siècle.
2 : Abbaye de Mortain (Manche), cloître - XIIe siècle.
3 : Abbaye de Fontenay (Côtes-d'or), chevet de l'abbatiale - XIIe siècle.
4 : Abbaye de Montmajour (Bouches-du-Rhône), chapelle Saint-Pierre - XIIe siècle.
5 : Abbaye de Léoncel (Drôme), coupole de la croisée - XIIe siècle.